SARA TEASDALE

SCHÖNES, STOLZES MEER

Gedichte

Ins Deutsche übertragen
und mit einem Nachwort

von Frank Freimuth

tredition

Sara Teasdale
Schönes, stolzes Meer

Gedichte
Ins Deutsche übertragen und
mit einem Nachwort von Frank Freimuth

© 2018 Frank Freimuth (für Übersetzung und Nachwort)

Verlag und Druck:
tredition GmbH, Halenreie 40-44, 22359 Hamburg

ISBN
Paperback   978-3-7439-8700-5
Hardcover   978-3-4739-8701-2
e-Book   978-3-4739-8702-9

Gedichte

To Joy

Lo, I am happy, for my eyes have seen
Joy glowing here before me, face to face;
His wings were arched above me for a space,
I kissed his lips, no bitter came between.
The air is vibrant where his feet have been,
And full of song and color is his place.
His wondrous presence sheds about a grace
That lifts and hallows all that once was mean.
I may not sorrow for I saw the light,
Tho' I shall walk in valley ways for long,
I still shall hear the echo of the song,—
My life is measured by its one great height.
Joy holds more grace than pain can
        ever give,
And by my glimpse of joy my soul shall live.

An die Freude

Ja, ich bin glücklich, denn sie hat mich nun berührt:
die warme Glut der Freude war mir nah,
sie hielt die Flügel über mich, als sie mich sah,
und als wir küssten, hab ich nichts Bitteres verspürt.
Die Luft vibriert, wo immer sie auch schritt,
gefüllt mit Klang und Farbe ist ihr Platz,
und ihre Anmut ist ein wundersamer Schatz,
der alles hebt und segnet, was einst litt.
Ich darf nicht klagen, die ich das Licht besessen;
Muss ich auch lange dunkle Wege nehmen,
kann ich des Liedes Nachklang stets vernehmen -
an seinen Höhen wird sich mein Leben messen.
Mehr Gnade als der Schmerz kann uns
     die Freude geben,
und dass ich sie erblickte, lässt meine Seele leben.

Roses and Rue

Bring me the roses white and red,
And take the laurel leaves away;
Yea, wreathe the roses round my head
That wearies 'neath the crown of bay.

'We searched the wintry forests thro'
And found no roses anywhere—
But we have brought a little rue
To twine a circlet for your hair.'

I would not pluck the rose in May,
I wove a laurel crown instead;
And when the crown is cast away,
They bring me rue — the rose is dead.

Rosen und Raute

Rosen, weiß und rot, sollt ihr mir bringen,
die Lorbeerblätter nehmt mir weg,
ums Haupt sollt ihr die Rosen wringen,
das sich gebeugt im Kranz versteckt.

„Wir suchten lang im Winterwald,
und konnten nirgends Rosen finden, -
doch diese Raute fand sich bald
um dir fürs Haar ein Band zu winden."

Im Mai mocht' ich nicht Rosen schneiden
und flocht den Lorbeerkranz zur Not,
Und wird der Kranz demnächst verscheiden,
bekomm ich Raute - und ist die Rose tot.

Faults

They came to tell your faults to me,
They named them over one by one;
I laughed aloud when they were done,
I knew them all so well before, —
Oh, they were blind, too blind to see
Your faults had made me love you more.

Fehler

Von deinen Fehlern wollten sie erzählen,
und viele davon trugen sie mir vor;
ich aber lachte laut nach ihrem Chor,
denn alle kannte ich bereits vorher -
wie blind sie waren, nicht zu sehen:
der Fehler wegen liebte ich dich mehr.

Dew

I dream that he is mine,
I dream that he is true,
And all his words I keep
As rose-leaves hold the dew.

O little thirsty rose,
O little heart beware,
Lest you should hope to hold
A hundred roses' share.

Tau

Im Traum gehört er mir,
da ist er nicht nur Schein
und wie ein Rosenblatt den Tau
fang was er sagt ich ein.

Gib Acht, du kleine Rose,
mein kleines Herz, du auch
sonst habt ihr schließlich davon mehr
als ein ganzer Rosenstrauch

I Would Live in Your Love

I would live in your love as the sea-grasses live in
    the sea,
Borne up by each wave as it passes, drawn down by
    each wave that recedes,
I would empty my soul of the dreams that have gathered
    in me,
I would beat with your heart as it beats, I would follow
    your soul as it leads.

In deiner Liebe möcht ich leben

In deiner Liebe möcht ich leben, so wie das Seegras lebt
    im Meer,
Gehoben und gesenkt von Wellen, von ihrem steten
    Hin und Her.
Erlösen will ich mich von Träumen, die sich seit langem
    in mir stauen,
Deinen Herzschlag möcht ich teilen, mich deiner Seele
    anvertrauen.

The Kiss

I hoped that he would love me,
And he has kissed my mouth,
But I am like a stricken bird
That cannot reach the south.

For though I know he loves me,
To-night my heart is sad;
His kiss was not so wonderful
As all the dreams I had.

Der Kuss

Ich hoffte sehr auf seine Liebe,
Und er küsste meinen Mund,
doch ich fühl mich wie ein Taucher,
der nicht erreicht des Meeres Grund.

Nun ist mir seine Liebe sicher
Und trotzdem bin ich voller Gram:
sein Kuss war nicht so wundervoll,
wie der, den ich im Traum bekam.

November

The world is tired, the year is old,
The little leaves are glad to die,
The wind goes shivering with cold
Among the rushes dry

Our love is dying like the grass,
And we who kissed grow coldly kind,
Half glad to see our poor love pass
Like leaves along the wind.

November

Die Welt ist müde und das Jahr ist alt,
die kleinen Blätter wollen sterben,
der Wind weht zitterig und kalt
durch Binsen, die getrocknet sind vom Darben.

Auch unsere Liebe stirbt, so wie das Grün,
und wir, die nur noch kalt und freundlich sind,
sehn mit Erleichterung die arme Liebe fliehn,
so wie die Blätter, die vergehn im Wind.

A Winter Night

My window-pane is starred with frost,
The world is bitter cold to-night,
The moon is cruel, and the wind
Is like a two-edged sword to smite.

God pity all the homeless ones,
The beggars pacing to and fro.
God pity all the poor to-night
Who walk the lamp-lit streets of snow.

My room is like a bit of June,
Warm and close-curtained fold on fold,
But somewhere, like a homeless child,
My heart is crying in the cold.

Eine Winternacht

Auf meinem Fenster liegt der Frost in Sternen,
die Welt ist bitterkalt in dieser Nacht,
der Mond ist grausam und des Windes Klinge
durchschneidet unsere Luft mit aller Macht.

Beschütze Gott, die ohne Zuflucht sind,
die Bettler, die mit ruhelosem Gehen
die Kälte flüchten und die Armen, die wir
im Schnee unter den Lampen sehen.

Mein warmer Raum lässt mich an Juni denken,
mit den Gardinen, die geschlossen sind,
doch ist mir so, als hörte ich mein Herz
vor Kälte weinen wie ein verlorenes Kind.

Gramercy Park

The little park was filled with peace,
The walks were carpeted with snow,
But every iron gate was locked.
Lest if we entered, peace would go.

We circled it a dozen times,
The wind was blowing from the sea,
I only felt your restless eyes
Whose love was like a cloak for me.

Oh heavy gates that fate has locked
To bar the joy we may not win,
Peace would go out forevermore
If we should dare to enter in.

Gramercy Park

Der kleine Park war voller Friede,
auf Wegen dicker Schnee zu sehen,
verschlossen waren alle Tore,
ein Eintritt säh' den Frieden gehen.

Zehnmal umkreisten wir den Park,
ein scharfer Wind blies aus dem Meer,
ganz rastlos waren deine Augen
und deine Liebe wärmte mich so sehr.

So schwere Tore, die das Los verschlossen
um uns die Freude zu versagen;
doch Friede ist auf Ewigkeit verloren,
wenn wir gewaltsam einzutreten wagen.

Central Park at Dusk

Buildings above the leafless trees
Loom high as castles in a dream,
While one by one the lamps come out
To thread the twilight with a gleam.

There is no sign of leaf or bud,
A hush is over everything--
Silent as women wait for love,
The world is waiting for the spring.

Der Central Park in der Abenddämmerung

Gebäude, ragend über nackte Bäume,
hoch wie die Burgen unseres Traums,
als Lampe für Lampe schimmernd erwacht
und funkelnd durchdringt das Zwielicht des Raums.

Nicht eine Spur von Blättern und Knospen,
und alles ringsum mäuschenstill,
still wie die Frauen, welche Liebe erwarten
und wie alle Welt, die den Frühling will.

By the Sea

Beside an ebbing northern sea
While stars awaken one by one,
We walk together, I and he.

He woos me with an easy grace
That proves him only half sincere;
A light smile flickers on his face.

To him love-making is an art,
And as a flutist plays a flute,
So does he play upon his heart

A music varied to his whim.
He has no use for love of mine,
He would not have me answer him.

To hide my eyes within the night
I watch the changeful lighthouse gleam
Alternately with red and white.

My laughter smites upon my ears,
So one who cries and wakes from sleep
Knows not it is himself he hears.

What if my voice should let him know
The mocking words were all a sham,
And lips that laugh could tremble so?

What if I lost the power to lie,
And he should only hear his name
In one low, broken cry?

Am Meer

Entlang am fallenden nördlichen Meer,
wo nach und nach sich Sterne zeigen;
gehn wir zusammen, ich und er.

So leichten Sinnes umwirbt er mich,
dass es so ernst wohl wird nicht sein;
ein Lächeln zuckt durch sein Gesicht.

Die Liebe pflegen ist ihm Kunst,
und wie ein Spieler seine Flöte
spielt er sein Herz um meine Gunst.

Musik, so ganz nach seinen Gnaden,
er macht sich nichts aus meiner Liebe,
will keine Antwort von mir haben.

Damit mein Blick ganz in der Nacht versinkt,
verfolge ich des Leuchtturms Licht,
das rot und weiß herüberblinkt.

Mein Lachen schlägt auf meinen Sinn;
als ob ich nachts vom Schrei erwachte
nicht wissend, dass ich's selber bin.

Kann meine Stimme ihm zu Wissen geben,
dass, was ich neckend sprach, nichts war als Trug,
dieselben Lippen fähig sind zu solchem Beben?

Was, wenn die Kraft zur Lüge mir verloren,
und er vernähme nichts als seinen Namen,
aus einem einzigen leisen Schrei geboren?

The Flight

Look back with longing eyes and know that I will
        follow,
Lift me up in your love as a light wind lifts
        a swallow,
Let our flight be far in sun or windy rain--
But what if I heard my first love calling me
        again?

Hold me on your heart as the brave sea holds
        the foam,
Take me far away to the hills that hide
        your home;
Peace shall thatch the roof and love shall latch
        the door--
But what if I heard my first love calling me
        once more?

Der Flug

Blick mit Sehnsucht zurück und wisse, ich werde dir
        folgen,
Hebe mich hoch wie der Wind hebt die Schwalbe
        in Wolken,
unser Flug sei weit durch Sonne und windigen Regen -
Doch was ist, kommt meine erste Liebe mir wieder
        entgegen?

Halte mich an dein Herz wie das mutige Meer hält
        die Gischt,
Nimm mich mit in die Ferne, wo dein Haus sich
        mit Hügeln vermischt,
Friede decke das Dach und die Liebe verschließe
        das Tor -
Doch was ist, spricht meine erste Liebe erneut
        bei mir vor?

The Look

Strephon kissed me in the spring,
Robin in the fall,
But Colin only looked at me
And never kissed at all.

Strephon's kiss was lost in jest,
Robin's lost in play,
But the kiss in Colin's eyes
Haunts me night and day.

Der Blick

Strephon küsste mich im Frühling,
im Herbst hat Robin es gewagt,
doch Colin schaute mich nur an;
sein Kuss blieb mir versagt.

Strephons Kuss geschah im Spaß,
und Robin hat gelacht,
doch der Kuss in Colins Augen
verfolgt mich Tag und Nacht

The Kiss

Before you kissed me only winds of heaven
Had kissed me, and the tenderness of rain—
Now you have come, how can I care for kisses
Like theirs again?

I sought the sea, she sent her winds to meet me,
They surged about me singing of the south—
I turned my head away to keep still holy
Your kiss upon my mouth.

And swift sweet rains of shining April weather
Found not my lips where living kisses are;
I bowed my head lest they put out my glory
As rain puts out a star.

I am my love's and he is mine forever,
Sealed with a seal and safe forevermore—
Think you that I could let a beggar enter
Where a king stood before?

Der Kuss

Der Wind des Himmels nur hat mich
vor dir geküsst und auch in Zärtlichkeit der Regen -
Jetzt, wo du da bist, wie könnte ich noch Sehnsucht
nach Küssen wie den ihren hegen?

Das Meer, von mir gesucht, sandte den Wind,
er tat mir brausend aus dem Süden Kund,
ich wandte mich, mir zu bewahren
den Kuss von dir auf meinen Mund.

Die flinken, milden Regen des Aprils
hielt ich von den geküssten Lippen fern;
gebeugten Kopfes wollte ich verhindern,
dass sie den Glanz mir nähmen wie dem Stern.

Zu meinem Liebsten gehöre ich wie er zu mir,
mit Brief und Siegel ausgemacht für immer -
Denkt ihr, ich gäbe einem Bettler
die Gunst, zu hausen in des Königs Zimmer?

In a Restaurant

The darkened street was muffled with the snow,
The falling flakes had made your shoulders white,
And when we found a shelter from the night
Its glamor fell upon us like a blow.
The clash of dishes and the viol and bow
Mingled beneath the fever of the light.
The heat was full of savors, and the bright
Laughter of women lured the wine to flow.
A little child ate nothing while she sat
Watching a woman at a table there
Learn to kiss beneath a drooping hat.
The hour went by, we rose and turned to go,
The somber street received us from the glare,
And once more on your shoulders fell the snow.

In einem Restaurant

Die dunkle Straße eingehüllt vom Schnee,
auch deine Schultern trugen weiße Pracht,
und als wir Zuflucht fanden vor der Nacht,
tat grelles Licht den Augen weh.
Der laute Klang von Tellern und von Geigen,
vermischt im Fieber greller Lichter,
die Hitze voll von Düften und Gelächter,
lockend, dem Wein die Gunst zu zeigen.
Ein kleines Kind ließ still sein Essen stehen,
beäugend eine Frau, darauf erpicht,
mit einem Hut zu küssen ohne Sehen.
Die Zeit verging, wir wandten uns zum Gehen,
die dunkle Straße zog uns aus dem Licht,
und wieder war auf dir der Schnee zu sehen.

I Shall Not Care

When I am dead and over me bright April
Shakes out her rain-drenched hair,
Though you shall lean above me broken-hearted,
I shall not care.

I shall have peace, as leafy trees are peaceful
When rain bends down the bough;
And I shall be more silent and cold-hearted
Than you are now.

Es wird mich nicht berühren

Bin ich einst tot, wenn des Aprils
lichthellen Augen Tränen führen,
und du lehnst herz-gebrochen über mir,
wird es mich nicht berühren.

Friedvoll wie ein belaubter Baum,
wenn Regen seine Zweige biegend küsst,
und stiller noch und kälter werd ich sein,
als du es heute bist.

After Parting

Oh, I have sown my love so wide
That he will find it everywhere;
I will awake him in the night,
I will enfold him in the air.

I set my shadow in his sight
And I have winged it with desire,
That it may be a cloud by day,
And in the night a shaft of fire

Nach dem Abschied

Oh, meine Liebe hab ich so versteckt,
dass er sie trifft, wohin er geht;
er wird von ihr des Nachts geweckt,
sie hüllt ihn ein, wo er auch steht.

Mein Schatten liegt in seinem Blick,
mit Lust beflügelt und mit Wonne,
zur Wolke wird er untertags,
ein Pfeil des Nachts, wie aus der Glut der Sonne.

After Love

There is no magic any more,
We meet as other people do,
You work no miracle for me
Nor I for you.

You were the wind and I the sea -
There is no splendor any more,
I have grown listless as the pool
Beside the shore.

But though the pool is safe from storm
And from the tide has found surcease,
It grows more bitter than the sea,
For all its peace.

Wenn die Liebe gegangen ist

Kein Zauber ist mehr zwischen uns,
wie irgendjemand triffst du mich,
nichts Wunderbares bist du mir
und ich bin's nicht für dich.

Du warst der Wind und ich die See -
doch dieser Glanz ist lange her;
denn ich bin lustlos wie ein Pool,
gebaut direkt am Meer

Obwohl vom Sturme nicht bedroht
und auch nicht von der Flut,
wird er uns bitterer als die See,
wenngleich sie niemals ruht.

In Memoriam F.O.S.

You go a long and lovely journey,
For all the stars, like burning dew,
Are luminous and luring footprints
Of souls adventurous as you.

Oh, if you lived on earth elated,
How is it now that you can run
Free of the weight of flesh and faring
Far past the birthplace of the sun?

In Memoriam F.O.S.

Du gehst auf lange, wundervolle Reise,
denn in der Tat sind alle Sterne
von jenen, die verwegen sind wie du,
die Spuren, leuchtend aus der Ferne.

Wenn schon das Leben dich verwöhnte,
wie wird es erst, wenn du, von Last befreit,
die große, weite Fahrt beginnst
vorbei an Mond und Sonne, in die Unendlichkeit?

I Am Not Yours

I am not yours, not lost in you,
Not lost, although I long to be
Lost as a candle lit at noon,
Lost as a snowflake in the sea.

You love me, and I find you still
A spirit beautiful and bright,
Yet I am I, who long to be
Lost as a light is lost in light.

Oh plunge me deep in love – put out
My senses, leave me deaf and blind,
Swept by the tempest of your love,
A taper in a rushing wind.

Ich bin nicht dein

Ich bin nicht dein, bin nicht in dir verloren,
ich bin es nicht, doch ich ersehn es sehr,
das Licht zu sein, verschluckt vom Sonnenschein,
die Flocke weißen Schnees, gelöst im Meer.

Du liebst mich und du bist für mich
ein schöner Geist, der Kluges spricht,
doch ich bin ich und wär doch gerne
verloren wie ein Licht im Licht.

Oh, tauch mich tief in deine Liebe, lösch aus
mein Sinnen, mach mich taub und blind,
ein kleines Licht im Sturm der Liebe,
erfasst und weggefegt vom Wind.

While I May

Wind and hail and veering rain,
Driven mist that veils the day,
Soul's distress and body's pain,
I would bear you while I may.

I would love you if I might,
For so soon my life will be
Buried in a lasting night,
Even pain denied to me.

Solange ich kann

Hagel und Wind und peitschendes Nass,
treibender Dunst als des Tages Bann,
der Seele Verzweiflung und des Körpers Last,
ich möchte euch tragen so lange ich kann.

Ich wünschte, dass ihr die Liebe entfacht,
denn so bald schon wird mein Leben
begraben sein in ewiger Nacht
und selbst der Schmerz mir nicht gegeben.

Debt

What do I owe to you
Who loved me deep and long?
You never gave my spirit wings
Or gave my heart a song.

But oh, to him I loved
Who loved me not at all,
I owe the little open gate
That led thru heaven's wall.

Schuld

Was schuld ich dir,
Der du mich liebtest tief und lang?
Nie gabst du Flügel meinem Geist,
nie meinem Herzen Klang.

Doch dem, den ich so sehr geliebt,
Des' Liebe ich nicht fand,
dem schulde ich die offene Tür
durch Himmels dicke Wand.

Spirit's House

From naked stones of agony
I will build a house for me;
As a mason all alone
I will raise it, stone by stone,
And every stone where I have bled
Will show a sign of dusky red.
I have not gone the way in vain,
For I have good of all my pain;
My spirit's quiet house will be
Built of naked stones I trod
On roads where I lost sight of God.

Das Haus des Geistes

Aus nackten Steinen meiner Qual
erbaue ich mein Haus der Wahl;
ich selbst werde der Maurer sein,
der es errichtet, Stein für Stein,
und jeder Stein aus meiner Not
bekommt ein Mal in dunkelrot.
Doch war das Schicksal mir gewogen,
denn ich hab Lehren aus dem Schmerz gezogen:
Das stille Haus für meinen Geist
wird nur aus nacktem Stein bestehen,
auf den ich trat, als ich Gott nicht gesehen.

Mastery

I would not have a god come in
To shield me suddenly from sin,
And set my house of life to rights;
Nor angels with bright burning wings
Ordering my earthly thoughts and things;
Rather my own frail guttering lights
Wind blown and nearly beaten out;
Rather the terror of the nights
And long, sick groping after doubt;
Rather be lost than let my soul
Slip vaguely from my own control --
Of my own spirit let me be
In sole though feeble mastery.

Herrschaft

Ich wünsche keinen Gott herbei,
damit mein Haus in Ordnung sei,
und der mich schützt vor schlimmen Dingen.
Auch Engel will ich nicht mit hellen Schwingen
zum Ordnen meiner irdischen Gedanken,
anstelle meines eigenen schwachen Lichts,
vom Wind gebeutelt und im Schwanken.
Dann lieber Zweifel und ein Tasten ohne Sicht
und nachts die schrecklichen Gedanken,
lieber verloren gehen, als dass meiner Seele
die Freiheit einfach so verloren gehe.
Mag meine Herrschaft schwächlich sein,
sie ist von meinem Geist und sie ist mein.

Lessons

Unless I learn to ask no help
From any other soul but mine,
To seek no strength in waving reeds
Nor shade beneath a straggling pine;
Unless I learn to look at Grief
Unshrinking from her tear-blind eyes,
And take from Pleasure fearlessly
Whatever gifts will make me wise --
Unless I learn these things on earth,
Why was I ever given birth?

Lektionen

Wenn ich nicht lerne, Hilfe zu wollen
von keiner Seele als der meinen,
nicht Halt zu suchen an schwachem Schilf,
nicht Schatten in wuchernden Kiefernhainen;
wenn ich nicht lerne, Gram zu sehen
von ihren Tränen unverzagt,
und furchtlos von der Lust zu nehmen,
was sie mir Weisheit bringend sagt,
wenn diese Dinge nicht gelingen,
was sollte dann das Leben bringen?

Wisdom

When I have ceased to break my wings
Against the faultiness of things,
And learned that compromises wait
Behind each hardly opened gate,
When I can look Life in the eyes,
Grown calm and very coldly wise,
Life will have given me the Truth,
And taken in exchange -- my youth.

Weisheit

Verbrenn ich mir nicht mehr die Schwinge
an den Fehlern aller Dinge,
und weiß ich, dass zum Ausgleich führen
auch Wege bei geschlossenen Türen,
wenn ich vermag, dem Leben zu begegnen,
und ruhig, was es bringt zu segnen,
dann gab das Leben mir der Weisheit Tugend
und nahm, als Ausgleich, mir die Jugend.

In a Burying Ground

This is the spot where I will lie
When life has had enough of me,
These are the grasses that will blow
Above me like a living sea.

These gay old lilies will not shrink
To draw their life from death of mine,
And I will give my body's fire
To make blue flowers on this vine.

"O Soul," I said, "have you no tears?
Was not the body dear to you?"
I heard my soul say carelessly,
"The myrtle flowers will grow more blue."

Auf einem Friedhof

Dies ist der Platz, auf dem ich liegen werde,
wenn mir bestimmt ist, dass ich geh,
und diese Gräser werden treiben
auf mir wie Wellen auf der See.

Nicht welken werden diese Blumen
und meinen Tod zum Leben führen,
und meines Körpers Feuer werd ich geben
für dieses Strauches blaue Blüten.

„Du meine Seele, hast du keine Tränen,
hast du den Körper nicht geliebt?"
Achtlos hör ich die Seele sagen:
„Das Blau wird schön, das er der Myrte gibt".

Wood Song

I heard a wood thrush in the dusk
Twirl three notes and make a star --
My heart that walked with bitterness
Came back from very far.

Three shining notes were all he had,
And yet they made a starry call --
I caught life back against my breast
And kissed it, scars and all.

Waldlied

Ich hörte die Drossel im Morgengrauen
drei Noten zwitschern - einen Stern -
mein Herz, das bitter sich erging
kam mir zurück, es war so fern.

Es waren nur drei blanke Noten
und doch ein Stern, die um mich warben -
das Leben kam zurück an meine Brust,
ich küsste es, mitsamt den Narben.

Refuge

From my spirit's gray defeat,
From my pulse's flagging beat,
From my hopes that turned to sand
Sifting through my close-clenched hand,
From my own fault's slavery,
If I can sing, I still am free.

For with my singing I can make
A refuge for my spirit's sake,
A house of shining words, to be
My fragile immortality.

Schutzhaus

Von meines Geistes Unglückstag,
vom meines Pulses mattem Schlag,
von Hoffnungen, zersetzt zu Sand
und rinnend aus geschlossener Hand,
von meiner Fehler Sklaverei
wenn ich noch singe, bin ich frei.

Denn mit dem Singen baue ich
ein Schutzhaus für des Geistes Licht,
ein Haus von Wörtern, aufgereiht
für splittrige Unsterblichkeit

Dew

As dew leaves the cobweb lightly
Threaded with stars,
Scattering jewels on the fence
And the pasture bars;
As dawn leaves the dry grass bright
And the tangled weeds
Bearing a rainbow gem
On each of their seeds;
So has your love, my lover,
Fresh as the dawn,
Made me a shining road
To travel on,
Set every common sight
Of tree or stone
Delicately alight
For me alone.

Tau

So wie der Tau das Spinnennetz
mit glimmenden Sternen versetzt,
mit Juwelen die Zäune bestreut
und die Pfosten der Wiesen besetzt,
so wie der Morgen das trockene Gras
erhebt zu hellem Schein
und jeden Keim im Kräuterstrauß
verziert mit einem bunten Stein,
so hat deine Liebe, mein Liebster,
frisch wie die Morgenzeit,
mich zur Straße gemacht,
zum Bereisen bereit,
hat, was man sieht,
Bäume und Stein,
herrlich erleuchtet
für mich allein.

Houses of Dreams

You took my empty dreams
And filled them every one
With tenderness and nobleness,
April and the sun

The old empty dreams
Where my thoughts would throng
Are far too full of happiness
To even hold a song.

Oh, the empty dreams were dim
And the empty dreams were wide,
They were sweet and shadowy houses
Where my thoughts could hide.

But you took my dreams away
And you made them all come true -
My thoughts have no place now to play,
And nothing now to do.

Häuser aus Träumen

Du griffst dir meine leeren Träume;
und fülltest dann in sie hinein:
viel Zärtlichkeit und Edelmut,
den Frühling und den Sonnenschein.

Die leeren Träume, die ich hatte,
an die sich die Gedanken hingen,
sind viel zu voll mit Glück gestopft,
als dass sich Lieder drin verfingen.

Die leeren Träume waren trübe,
die lceren Träume waren weit,
sie waren schöne Schattenhäuser
und den Gedanken Gastlichkeit.

Doch nahmst du mir die Träume fort
und hast sie alle mir erfüllt --
nun fehlt dem Denken Raum zum Spielen,
so dass es sich ganz nutzlos fühlt.

What Do I Care

What do I care, in the dreams and the languor
        of spring,
That my songs do not show me at all?
For they are a fragrance, and I am a flint and a fire,
I am an answer, they are only a call.

But what do I care, for love will be over
        so soon,
Let my heart have its say and my mind
        stand idly by,
For my mind is proud and strong enough
        to be silent,
It is my heart that makes my songs, not I.

Was sorge ich mich

Was sorge ich mich, in den Träumen und
      der Trägheit des Frühlings,
ob der Gesang mir entspricht, den ich schuf?
Ist er doch nur Duft, und ich bin ein Flint und ein Feuer,
Ich bin die Antwort und er nur ein Ruf.

Was sorge ich mich, denn die Liebe wird
      so schnell vergehen,
Soll mein Geist sich bescheiden und das Herz
      sprechen für sich,
denn stolz ist der Geist und stark genug um
      zu schweigen,
es ist mein Herz, das mich singt, und nicht ich.

Let It Be Forgotten

Let it be forgotten, as a flower is forgotten,
Forgotten as a fire that once was singing gold,
Let it be forgotten for ever and ever,
Time is a kind friend, he will make us old.

If anyone asks, say it was forgotten
Long and long ago,
As a flower, as a fire, as a hushed footfall
In a long forgotten snow.

Es soll vergessen sein

Es soll vergessen sein wie eine Blume,
vergessen wie ein Feuerschein im Wald,
es soll vergessen sein in die Unendlichkeit,
Zeit ist ein guter Freund, er macht uns alt.

Wenn jemand fragt, so sagt, es sei vergessen,
seit langer, langer Zeit,
wie eine Blume und ein Feuer, ein leiser Schritt
im Schnee vor einer Ewigkeit.

Lovely Chance

O LOVELY chance, what can I do
To give my gratefulness to you?
You rise between myself and me
With a wise persistency;
I would have broken body and soul,
But by your grace, still I am whole.
Many a thing you did to save me,
Many a holy gift you gave me,
Music and friends and happy love
More than my dearest dreaming of;
And now in this wide twilight hour
With earth and heaven a dark, blue flower,
In a humble mood I bless
Your wisdom—and your waywardness.
You brought me even here, where I
Live on a hill against the sky
And look on mountains and the sea
And a thin white moon in the pepper tree.

Süßes Glück

Du süßes Glück, was kann ich tun,
um meinen Dank dir kundzutun?
Zwischen meinem Selbst und mir
begegne ich fortwährend dir.
An Leib und Seele trüg ich Schaden,
doch bin ich ganz durch deine Gnaden.
Du hast mich oft zum Wohl gelenkt,
und mir so vieles Göttliche geschenkt,
Musik und Freunde und der Liebe Glück,
mehr als ich träumte, gabst du mir zurück,
und nun, da in des Abends Dämmerlicht
die Erde sanft zum Himmel spricht,
da preise ich, demütig wie ich bin,
die Weisheit dir - und deinen Eigensinn.
Du brachtest mich hierher, wo ich nun wohne,
auf Hügeln unter weitem Himmel throne,
die Blicke schweifen über Berg und Meeres Saum,
und einen dünnen weißen Mond im Pfefferbaum.

There Will Come Soft Rains

There will come soft rains and the smell of the ground,
And swallows circling with their shimmering sound;

And frogs in the pools singing at night,
And wild plum trees in tremulous white;

Robins will wear their feathery fire,
Whistling their whims on a low fence-wire;

And not one will know of the war, not one
Will care at last when it is done.

Not one would mind, neither bird nor tree,
If mankind perished utterly;

And Spring herself, when she woke at dawn
Would scarcely know that we were gone.

Es wird sanft regnen

Es wird sanft regnen, aus dem Boden steigt Duft
und flatternd durchkreisen die Schwalben die Luft.

Die Frösche schwimmen quakend im Kreis,
der Pflaumenbaum strahlt in schimmerndem Weiß.

Das Rotkehlchen trägt seinen feurigen Staat
und singt seine Launen auf dem niedrigen Draht.

Vom Krieg weiß kein Mensch, und niemand wendet
den Kopf oder zuckt, wenn er einst beendet.

Nicht einen stört es, weder Vogel noch Baum
wenn die Menschheit auf ewig verließe den Raum;

Auch der Frühling nicht, ist er morgens erwacht,
nähme Kenntnis von unserer ewigen Nacht.

On the Dunes

If there is any life when death is over,
These tawny beaches will know much
      of me,
I shall come back, as constant and as
      changeful
As the unchanging, many-colored sea.

If life was small, if it has made me
      scornful,
Forgive me; I shall straighten like a flame
In the great calm of death, and if you
      want me
Stand on the sea-ward dunes and call my name.

Auf den Dünen

Wenn es ein Leben gibt nach unserem Tod,
dann bin ich gut bekannt bei diesem
            dunkelgelben Strand;
ich komm zurück, so unbeirrt und schillernd
            wie das Meer,
das ich stets unverändert wiederfand.

Wenn ich, enttäuscht vom Leben, dich nur
            gering geachtet,
vergib mir; mich strecken will ich hier
wie eine Flamme in des Todes Stille, und brauchst
            du mich,
dann suche in den Dünen und rufe laut nach mir.

Faces

People that I meet and pass
In the city's broken roar,
Faces that I lose so soon
And have never found before,

Do you know how much you tell
In the meeting of our eyes,
How ashamed I am, and sad
To have pierced your poor disguise?

Secrets rushing without sound
Crying from your hiding places—
Let me go, I cannot bear
The sorrow of the passing faces.

People in the restless street,
Can it be, oh can it be
In the meeting of our eyes
That you know as much of me?

Gesichter

Leute gehn an mir vorüber
im Getöse dieser Stadt;
Gesichter, die ich schnell verliere,
die man nie gesehen hat.

Weißt du, was du alles sagst,
wenn sich unser Augen treffen,
wie beschämt ich bin und traurig,
weil ich dein Innerstes besessen?

Geheimnis, hastend ohne Ton;
weinend vom versteckten Ort,
ich kann die Sorgen nicht ertragen,
lasst mich gehen, ich muss fort.

Ihr Leute auf belebten Straßen,
kann es ebenso geschehen,
dass im Treffen unserer Augen
auch eure so viel von mir sehen?

August Night

On a midsummer night, on a night that was
         eerie with stars,
In a wood too deep for a single star to look
         through,
You led down a path whose turnings you knew
         in the darkness,
But the scent of the dew-dripping cedars was all
         that I knew.

I drank of the darkness, I was fed with the honey
         of fragrance,
I was glad of my life, the drawing of breath
         was sweet;
I heard your voice, you said, 'Look down, see
         the glow-worm!'
It was there before me, a small star white at
         my feet.

We watched while it brightened as though
         it were breathed on and burning,
this tiny creature moving over earth's floor -
'L'amor che move il sole e l'altre stelle,'
You said, and no more.

Augustnacht

In der Mittsommernacht, gespenstig im Schein
      der Sterne,
durch einem Wald, so dicht, dass uns nur
      Dunkel umfing,
führtest du mich den Pfad, von dem jede Windung
      du kanntest,
doch ich nur den Tau der Zedern, unter denen
      ich ging.

Ich trank von dem Dunkel und aß von dem Honig
      des Dufts,
ich war glücklich zu leben und süß war die Luft,
      die ich sog;
ich vernahm deine Stimme, die sagte: „Sieh doch
      den Glühwurm!"
Da war es, zu meinen Füßen, ein Sternchen,
      als ob es dort flog.

Wir sahen es glühen, wie angeblasen und
      brennend,
das kleine Wesen, über den Boden kroch es daher …
'L'amor che move il sole e l'altre stelle,'
sagtest du, und nicht mehr.

There Will Be Stars

There will be stars over the place forever;
Though the house we loved and the street we loved
      are lost,
Every time the earth circles her orbit
On the night the autumn equinox
      is crossed,
Two stars we knew, poised on the peak of midnight
Will reach their zenith; stillness will be deep;
There will be stars over the place forever,
There will be stars forever, while we sleep.

Es werden Sterne sein

Es werden immer Sterne stehen über diesem Ort,
wenn auch geliebtes Haus und Straße weichen,
und jedes Mal, wenn Erde nächtens
        ihre Bahn vollzieht,
und sie dorthin gelangt, wo Tag und Nacht
        sich gleichen,
solln mitternachts zwei Sterne, die wir kannten,
den Scheitelpunkt erreichen; tief wird die Stille sein;
Es werden ewig Sterne stehen über diesem Ort,
da, wo wir schlafen immer Sterne sein.

Beautiful Proud Sea

Careless forever, beautiful proud sea,
You laugh in happy thunder all alone,
You fold upon yourself, you dance your dance
Impartially on drift-weed, sand or stone.

You make us believe that we can outlive death,
You make us for an instant, for your sake,
Burn, like stretched silver of a wave,
Not breaking, but about to break

Schönes, stolzes Meer

Auf ewig unbeirrt, du schönes, stolzes Meer,
lachst glücklich du dein Tosen ganz allein,
wirfst Falten auf dir selbst, tanzt deinen Tanz
zu gleichem Teil auf Treibholz, Sand und Stein.

Du lässt uns glauben, Tod zu überdauern,
um deinetwillen für den Augenblick
uns brennen wie das Silber auf der Welle,
noch ungebrochen unterwegs in sein Geschick.

The Solitary

My heart has grown rich with the passing of years,
I have less need now than when I was young
To share myself with every comer,
Or shape my thoughts into words with my tongue.

It is one to me that they come or go
If I have myself and the drive of my will,
And strength to climb on a summer night
And watch the stars swarm over the hill.

Let them think I love them more than I do,
Let them think I care, though I go alone;
If it lifts their pride, what is it to me
Who am self-complete as a flower
      or a stone.

Einsam

Mein Herz, es wurde reicher mit den Jahren,
es drängt mich nicht, wie in der Jugendzeit,
mich jedem aufzutun, der mir begegnet,
und all mein Denken gießen in Beredsamkeit.

Es ist mir einerlei, ihr Kommen und ihr Gehen,
ich hab mich selbst und meinen starken Willen,
und auch die Kraft, hinauf zu steigen in der Nacht
und Sternen folgen, die den Raum erfüllen.

Lass sie doch glauben, dass ich sie wirklich liebe,
sie glauben, ich sei berührt, obwohl allein;
macht es sie stolz, was kann es mir schon geben? -
ich bin mir selbst genug, so wie die Blume
        und der Stein.

Wisdom

It was a night of early spring,
The winter-sleep was scarcely broken;
Around us shadows and the wind
Listened for what was never spoken.

Though half a score of years are gone,
Spring comes as sharply now as then---
But if we had it all to do
It would be done the same again.

It was a spring that never came,
But we have lived enough to know
What we have never had, remains;
It is the things we have that go.

Weisheit

Es war des Nachts und junger Frühling;
der Winterschlaf war kaum gebrochen
und um uns lauschten Wind und Schatten
den Worten, die wir nie gesprochen.

Noch jetzt, gut ein Jahrzehnt danach,
kommt Frühling schneidig so wie immer ---
doch wenn uns alles offen stünde,
würd es nicht besser und nicht schlimmer.

Es war ein Frühling, der nie kam,
doch wissen wir genug, zu sehen:
Das, was wir niemals hatten, bleibt,
und, was wir haben, wird vergehen.

Arcturus in Autumn

When, in the gold October dusk, I saw you near
　　　to setting,
Arcturus, bringer of spring,
Lord of the summer nights, leaving us now
　　　in autumn,
Having no pity on our withering;

Oh then I knew at last that my own autumn
　　　was upon me,
I felt it in my blood,
Restless as dwindling streams that still remember
The music of their flood.

There in the thickening dark a wind-bent tree above me
Loosed its last leaves in flight---
I saw you sink and vanish,
　　　pitiless Arcturus,
You will not stay to share our lengthening night.

Arcturus im Herbst

Als ich dich sah in des Oktobers Gold, bevor du
        ganz verschwandst,
Arcturus, der du des Frühlings Bote bist,
die Sommernächte überthronst und uns im Herbst
        verlässt,
ganz ohne Mitleid, dass unser Blühen nun zu Ende ist,

Da wusste ich, dass mich mein eigener Herbst
        bedrohte,
ich fühlte es in meinem Blut,
rastlos wie Ströme, schwindend und sich doch gewahr,
des alten Wohlklangs ihrer Flut.

Vor mir ließ ein vom Wind gebeugter Baum im Flug
sein letztes Laub ins Abendgrau enteilen ---
ich sah dich sinken und verschwinden,
        mitleidloser Stern,
du wirst nicht bleiben und die langen Nächte teilen.

When I Am Not With You

When I am not with you
I am alone,
For there is no one else
And there is nothing
That comforts me but you.
When you are gone
Suddenly I am sick,
Blackness is round me,
There is nothing left.
I have tried many things,
Music and cities,
Stars in their constellations
And the sea,
But there is nothing
That comforts me but you;
And my poor pride bows down
Like grass in a rain-storm
Drenched with my longing.
The night is unbearable,
Oh let me go to you
For there is no one,
There is nothing
To comfort me but you

Wenn ich nicht bei dir bin

Wenn ich nicht bei dir bin,
bin ich allein,
denn es gibt niemand sonst
und es gibt nichts,
das mich tröstet, außer dich.
Wenn du gegangen bist,
geht es mir plötzlich schlecht,
um mich ist Schwärze,
und sonst nichts.
Ich habe viel versucht,
Musik und Städte,
Sterne und Gestirne,
auch das Meer,
doch es gibt nichts,
das mich tröstet, außer dich,
und mein armer Stolz beugt sich
wie Gras im Regensturm,
durchnässt von meinem Sehnen.
Die Nacht ist unerträglich,
lass mich doch zu dir gehen,
denn es gibt keinen,
es gibt nichts,
was mich tröstet, außer dich.

Advice to a Girl

No one worth possessing
Can be quite possessed;
Lay that on your heart,
My young angry dear;
This truth, this hard and precious stone,
Lay it on your hot cheek,
Let it hide your tear.
Hold it like a crystal
When you are alone
And gaze in the depths of the icy stone.
Long, look long and you will be blessed:
No one worth possessing
Can be quite possessed.

Ratschlag für ein junges Mädchen

Niemand, der verdient, dass wir ihn besitzen,
wird jemals ganz der unsere sein;
Lege dies an dein Herz,
die du so ärgerlich bist, meine Liebe;
diese Wahrheit, diesen harten und wertvollen Stein,
lege auf deine heiße Wange,
er soll deine Träne verbergen.
Halte ihn wie einen Kristall,
wenn du alleine bist,
und suche in den Tiefen des eisigen Steins.
Lange, suche lange und du wirst gesegnet sein:
Niemand, der verdient, dass wir ihn besitzen,
wird jemals ganz der unsere sein.

Strange Victory

To this, to this, after my hope was lost,
To this strange victory;
To find you with the living, not the dead,
To find you glad of me;
To find you wounded even less than I,
Moving as I across the stricken plain;
After the battle to have found your voice
Lifted above the slain.

Seltsamer Sieg

Auf diesen, als die Hoffnung schon verloren,
auf diesen Sieg, der seltsam ist;
dich lebend hier zu finden und nicht tot,
und du, mich sehend, glücklich bist;
dass du noch weniger verwundet bist als ich,
streifend wie ich durchs heimgesuchte Land,
dass deine Stimme sich erhob,
wo Tod so viele Opfer fand.

Secret Treasure

Fear not that my music seems
Like water locked in winter streams;
You are the sun that many a time
Thawed those rivers into rhyme,
But let them for a while remain
A hidden music in my brain.

Unmeaning phrase and wordless measure,
That unencumbered loveliness
Which is a poet's secret treasure
Sings in me now, and sings no less
That even for your lenient eyes
It will not live in written guise

Geheimer Schatz

Von meinem Liede fürchte nicht, es muss
gefroren bleiben wie das Eis im Winterfluss;
Du bist die Sonne, die so oft mit ihrem Schein
den Fluss im Tau verwandelt hat zu Reim,
Doch lasse es für eine Zeit dort stehen
als Lied für mich, für andere nicht zu sehen.

Sinnfreier Satz und Meter ohne Wort,
die Schönheit, nicht durch Zaun gehemmt
und Schatz des Dichters am geheimen Ort,
singt nun in mir und das so vehement,
dass, was die Hand als Botschaft schreibt,
selbst deinen milden Augen nicht verborgen bleibt.

All That Was Mortal

All that was mortal shall be burned away,
All that was mind shall have been put to sleep.
Only the spirit shall awake to say
What the deep says to the deep;
But for an instant, for it too is fleeting -
As on a field with new snow everywhere,
Footprints of birds record a brief alighting
In flight begun and ended in the air.

Alles, was sterblich war

Alles, was sterblich war, sollt ihr verbrennen,
in Schlaf versetzt sein soll auch der Verstand.
Nur mehr der Geist soll wachen zu benennen,
was er im Meeresrauschen fand;
Nur kurze Zeit, denn auch dieses ist im Fluss,
zeugen, auf einem Feld in neuer weißer Pracht,
der Vögel Spuren von einem Musenkuss,
im Flug begonnen und in der Luft vollbracht.

To the Sea

Bitter and beautiful, sing no more;
Scarf of spindrift strewn on the shore,
Burn no more in the noon-day light,
Let there be night for me, let there be night.

On the restless beaches I used to range
The two that I loved have walked with me -
I saw them change and my own heart change -
I cannot face the unchanging sea.

An das Meer

Du Bitteres, Schönes, hör auf zu singen,
ihr Bäche von Gischt, die am Ufer verrinnen,
hört auf zu brennen in des Mittags Pracht,
Um mich herum sei nichts als die Nacht.

Dort, wo ich gern war, am rastlosen Strand,
da ging ich mit beiden Geliebten umher;
Ich sah, wie das Schicksal uns drei neu erfand,
ich ertrage nicht länger das stets gleiche Meer.

There Will Be Rest

There will be rest, and sure stars shining
Over the roof-tops crowned with snow,
A reign of rest, serene forgetting,
The music of stillness holy and low.

I will make this world of my devising
Out of a dream in my lonely mind,
I shall find the crystal of peace, - above me
Stars I shall find.

Es wird Ruhe sein

Ruhe wird sein im Sternenleuchten
über den Dächern, gekrönt vom Weiß,
Ruhe wird herrschen, heiteres Vergessen,
Musik der Stille, heilig und leis.

Ich forme die Welt nach meinen Gedanken,
der einsamen Seele geboren im Traum,
den Stein des Friedens werde ich finden – und über mir
die Sterne im Raum.

Nachwort

The Kiss

I hoped that he would love me,
And he has kissed my mouth,
But I am like a stricken bird
That cannot reach the south.

For though I know he loves me,
To-night my heart is sad;
His kiss was not so wonderful
As all the dreams I had.

Dieses kleine Gedicht ist dem Album *Helen of Troy and Other Poems* entnommen, den Sara Teasdale 1911 veröffentlichte, also mit 27 Jahren und noch im ersten Drittel ihrer rund dreißig Jahre dauernden Schaffenszeit. Obwohl sie zu jener Zeit noch ein gutes Stück von ihrer späteren Virtuosität und Reife entfernt war, zeigt die kleine Probe doch schon viel von dem, was ihre Lyrik so besonders macht.

Das Gedicht wirkt luftig und leicht und wir können es ohne großes Grübeln verstehen. Wir können die Gefühle der erzählenden Person nachempfinden, können auch mit ihr leiden, dies jedoch nicht allzu sehr, weil wir spüren, dass eine kleine Prise Ironie eingestreut ist, dass die Erzählerin es nicht todernst meint.

Es erinnert in seiner Leichtigkeit ein wenig an die liedhaften Gedichte der deutschen Romantik, ist aber frei von der Schwelgerei der Romantiker. Der Wohlklang ist vollkommen. Weder werden dem Leser Stolpersteine in den Weg gelegt noch wird er beim lauten Lesen ins Leiern geraten. Die Metapher vom verletzten Vogel ist geschickt gewählt und wirkt nicht verkrampft. Sie lässt uns mit ihrer Assoziation zum Fliegen bei allem mitfühlenden Bedauern einen Rest von Leichtigkeit. Mit sicherem Gespür für die Wirkung ist auch der Schlusspunkt gesetzt, der den Leser überrascht und schmunzeln lässt.

Musikalität, Schnörkellosigkeit und Eleganz werden Teasdales Verse über ihr ganzes Dichterleben auszeichnen. Die Unbefangenheit und das Spielerische, wenn es um die Liebe geht, werden allerdings im Laufe der Zeit einer mehr resignierten Tonart Platz machen, und die romantische Liebe selbst wird als Hauptthema abgelöst werden von Betrachtungen über die Schönheit und die Unvergänglichkeit der Natur, im Kontrast zur Vergänglichkeit des menschlichen Daseins.

Ein überaus starker Einfluss auf Teasdales Privatleben und damit indirekt auf ihre dichterische Entwicklung ging von ihrer Erziehung aus. Es lohnt daher, diese Erziehung etwas näher zu betrachten.

*

Sara Teasdale wird am 8.8.1884 in St. Louis als spätes und ungeplantes Kind in eine alteingesessene und wohlhabende Kaufmannsfamilie hineingeboren. Ihr Vater, John Warren Teasdale, ein patriarchalischer, warmherziger Mann, ist bei Saras Geburt schon 45 Jahre alt. Auch die Mutter, Mary Elizabeth Willard Teasdale, ist bereits vierzig als Sara geboren wird. Sie wird als eine rastlose und reizbare Person geschildert, welche den Haushalt der Teasdales wie ein Feldwebel führt, immer in dem Bestreben, dem Haus seine Reputation zu bewahren und ihm die Vornehmheit und den Geschmack der oberen Mittelklasse zu verleihen.

Im puritanisch-viktorianischen Umfeld der Zeit wird die späte Geburt Saras für ihre Mutter ein Schock und eine Quelle großer Verlegenheit gewesen sein, sah doch die herrschende Moral die Sexualität lediglich als ein Mittel zum Zweck der Fortpflanzung. Und diese hätte zu dem Zeitpunkt, als Sara geboren wurde, nach allgemeiner Sitte schon längst abgeschlossen sein müssen. Für Mary Teasdale ist dieser Makel ein Ansporn, die Erziehung der späten Tochter zu einem mustergültigen Mitglied der gehobenen Gesellschaft mit besonderem Nachdruck zu betreiben.

Sara Teasdale ist nicht nur ein sehr behütetes, sondern auch ein verhätscheltes Kind. Weil sie zart und anfällig für Krankheiten ist, versucht man von Anfang an, sie vor jeglicher Überforderung und Gefährdung ihrer Gesundheit zu bewahren. Kontakt mit anderen Kindern hat sie in der Zeit vor der Einschulung so gut wie nicht, vor häuslichen Pflichten wird sie verschont. Sie lebt, wie ihre spätere Freundin Williamina Parrish es einmal formulierte, wie eine Prinzessin in einem Turm.

Um ihre fragile Gesundheit nicht zu gefährden, wird Sara bis zu ihrem neunten Lebensjahr von ihrer siebzehn Jahre älteren Schwester Mamie zuhause unterrichtet. Bei Mamie findet Sara die Wärme, welche die Mutter ihr nicht zu geben vermag. Mamie bringt ihr nicht nur das Lesen bei, sondern weckt und fördert auch ihre Liebe zur Poesie. Zusammen mit Mamie liest Sara Verse von Christina Rossetti, die bei ihr einen bleibenden Eindruck hinterlassen. In dieser Zeit wird der Grundstein zu einem Gefühl der seelischen Verbundenheit mit Rossetti gelegt, das sich in späteren Jahren noch verstärken wird.

Nachdem Sara schließlich im Alter von neun Jahren für kräftig genug befunden wird, einen Schulweg auf sich zu nehmen, besucht sie bis zu ihrem Schulabschluss nacheinander drei renommierte Mädchenschulen, wo sie ihren literarischen Interessen nachgehen kann und eine

Erziehung im Geiste der herrschenden viktorianischen Bildungsideale erhält. Unter anderem lernt Sara in dieser Zeit Französisch und Deutsch und liest auch deutsche Dichter, vor allem Heinrich Heine.

Bildung, insbesondere die Bildung, welche den Mädchen vermittelt wird, steht in dieser Zeit ganz im Zeichen der so genannten Genteel-Tradition. Das englische Wort „genteel", zu Deutsch „vornehm", steht hier für ein ganzes Bündel an Werten und Überzeugungen. Der Begriff wurde von dem spanischen Philosophen George Santayana (1863 – 1952) 1911 im Rahmen eines Vortrags geprägt, zu einer Zeit, als die Tradition schon ihrem Ende entgegenging. In dem Vortrag mit dem Titel *The Genteel Tradition in American Philosophy* beklagte er, dass eine Gruppe von Intellektuellen in Neu-England die literarischen Standards im Sinne ihrer restriktiven moralischen Vorstellungen und einer Überhöhung des Schönen und Wahren kontrolliere und dabei die wirtschaftliche, politische und moralische Realität verleugne.

Was Santayana in seinem Vortrag „Genteel-Tradition" nannte, hatte bereits lange vorher, nach dem Ende des Amerikanischen Bürgerkriegs im Jahre 1865, seinen Anfang genommen. Die Vertreter dieser Tradition versuchten nicht nur, durch Ausübung ihres Einflusses als Dichter, Verleger oder Kritiker ihrem Ideal von Schönheit und Wahrheit das ganze Feld des literarischen Schaffens zu sichern, sondern sie waren auch ganz und gar der restriktiven viktorianischen Moral verpflichtet. Sie propagierten die Unverletzlichkeit des Heims und der Ehe und die strikte Einhaltung eines rigiden Moralkodex, insbesondere durch die Frauen. In Bezug auf die Sexualität sollte Zurückhaltung die Regel sein. Die Mutter wurde als Wächterin der Familienmoral betrachtet, das junge Mädchen als Modell der Reinheit.

Als Sara Teasdale kurz nach der Jahrhundertwende ihre literarische Laufbahn beginnt, ist das Erbe ihrer Erziehung gemäß der Genteel-Tradition eine zweischneidige Angelegenheit. Einerseits besitzt Sara, bedingt durch die intensive Beschäftigung mit Literatur und Poesie, bereits als junge Frau die Kompetenz, Verse von höchster Musikalität und Leichtigkeit zu schreiben, andererseits erweist sich die jahrelange Berieselung mit einschnürender Moral als eine Bürde, welche ihr ganzes Leben lang auf ihr lasten wird.

*

Teasdales dichterische Entwicklung ist beachtlich und verläuft kontinuierlich. Es gibt keine Sprünge darin, wie bei der um zehn Jahre älteren Amy Lowell, mit der sie gut befreundet ist. Lowell, die zunächst herkömmliche formgebundene Lyrik schreibt, wendet sich nach dem Misserfolg ihres ersten Gedichtbands der Bewegung der Imagisten zu. Die Vertreter des Imagismus, einer literarischen Strömung, die um 1912 begann und nach dem Ersten Weltkrieg wieder verschwand, setzten auf die Einbeziehung der Umgangssprache in die Poesie und auf eine ausgeprägte Verwendung von Bildern. Der Metrik maßen sie wenig Bedeutung bei. Sara Teasdale war nie versucht, sich den Imagisten oder irgendeiner anderen Bewegung anzuschließen. Es finden sich zwar einige wenige freie Verse in ihren Alben, aber der überwältigende Teil ist von Metrik und Reim unterstützte, lyrische Poesie.

Das erste Album, *Sonnets to Duse and Other Poems* (1907), ist in Thematik und Stil noch ganz im Geist der Genteel Tradition gehalten. Neben hymnischen Sonetten an die Schauspielerin Eleonara Duse und zwei Gedichten, die sich an die griechische Dichterin Sappho richten, finden sich darin auch Verse, welche in schwärmerischem Ton die Vorzüge von Freundinnen und Freunden preisen.

Dass Teasdale einige Zeit braucht, um ihren Schreibstil zu finden, zeigt ihr zweites Buch, *Helen of Troy and Other Poems* (1911). Es enthält zum einen eine Sektion mit langen ungereimten Gedichten, in denen sie jeweils eine Frau der Geschichte, unter anderem Helena von Troja und Sappho, über ihre Gefühlswelt reden lässt. Der Band enthält aber auch eine Reihe kürzerer Verse, von denen einige zu den schönsten und beliebtesten der Dichterin gehören. In *Gramercy Park*, *Union Square*, *In the Metropolitan Museum*, *Central Park at Dusk* beschreibt sie, angeregt durch eine Reise nach New York, öffentliche Plätze jeweils als Kulisse für eine kleine Geschichte vom Entstehen einer Liebe oder ihrem Scheitern.

Die Liebe ist ein Hauptthema in den ersten beiden Büchern Teasdales. Wie angesichts ihrer puritanischen Erziehung nicht anders zu erwarten, geschieht die Darstellung in überaus züchtiger Form. Es ist eine Liebe im Entstehen, ein erster Kuss, und genauso oft eine Liebe, die nicht zustande kommt. Erotische Andeutungen finden sich nur in den Gedichten, in denen die Dichterin eine andere Person an Stelle des lyrischen Ichs sprechen lässt.

Erste Eintrübungen des idealisierenden viktorianischen Bildes der Liebe zeigen sich in ihrem dritten Band, *Rivers to the Sea* (1917). Als das Buch noch im Entstehen ist, ist sie bereits mit dem Kaufmann Ernst Filsinger verlobt, den sie später auch heiraten wird. Die Ehe ist weniger einer leidenschaftlichen Liebe, als vielmehr der Aussicht auf wirtschaftliche Sicherheit und auf Unabhängigkeit von ihren übervorsorglichen Eltern geschuldet. Bereits einige Wochen vor der Hochzeit scheinen bei der jungen Frau Zweifel an ihrem Vorhaben aufgekommen zu sein. Ihr Zwiespalt inspiriert sie zu dem folgenden Gedicht:

I Am Not Yours

I am not yours, not lost in you,
Not lost, although I long to be
Lost as a candle lit at noon,
Lost as a snowflake in the sea.

You love me, and I find you still
A spirit beautiful and bright,
Yet I am I, who long to be
Lost as a light is lost in light.

Oh plunge me deep in love – put out
My senses, leave me deaf and blind,
Swept by the tempest of your love,
A taper in a rushing wind.

Dieses Gedicht ist eines der persönlichsten in Teasdales publizierten Werken, und es ist auch eines der schönsten. Dass es von der bevorstehenden Hochzeit inspiriert ist, bedeutet aber keineswegs, dass es den Zwiespalt, in dem sich die Dichterin befindet, autobiographisch genau beschreiben soll. Einer solchen Beschreibung hätten das viktorianische Erbe und auch die Rücksichtnahme auf den künftigen Ehemann entgegengestanden. Und so lesen sich die Verse weniger wie ein Eingeständnis fehlender Liebe, sondern eher wie die Bitte an einen anonymen

Liebesgott, die angestrebte Verbindung noch durch das Hinzufügen wilder Leidenschaft vollkommen zu machen.

Immer häufiger mischen sich in Teasdales Verse auch Bezüge auf den Tod. Dies geschieht zum Beispiel in der Form, dass das Bild eines überlebenden Geliebten heraufbeschworen wird, der über das Grab der Dichterin gebeugt ist (*I Shall Not Care*), ein Bild, wie man es ähnlich bei Christina Rossetti findet. Oder der eigene Tod wird heraufbeschworen und als Anlass genommen, von bedrückenden Depressionen und psychosomatischen Beschwerden zu sprechen. Das folgende Gedicht gibt davon Zeugnis:

While I May

Wind and hail and veering rain,
Driven mist that veils the day,
Soul's distress and body's pain,
I would bear you while I may.

I would love you if I might,
For so soon my life will be
Buried in a lasting night,
Even pain denied to me.

Nach *Rivers to the Sea* hat Sara Teasdale den Zenit ihrer Karriere erreicht. Weil der Verlag Macmillan die Popularität der Dichterin versilbern möchte, erscheint der vierte Band *Love Songs* bereits 1917, also nur zwei Jahre nach dem dritten. Von den enthaltenen rund siebzig Gedichten ist die Hälfte aus den früheren Büchern übernommen. Aber es finden sich auch bedeutende neue Werke darin. Der Zyklus *Interlude: Songs out of Sorrow* gewinnt 1917 den Preis des National Arts Club der Poetry Society of America, und dem gesamten Band wird 1918 der Preis der Columbia Universität für den besten Gedichtband des Jahres verliehen, der Vorläufer des Pulitzer-Preises.

Noch weniger als in ihrer frühen Dichtung verzichtet Teasdale in ihrem späteren Werk auf die Ichbezogenheit in ihren Gedichten. Auch wenn sie Plätze beschreibt, tut sie dies gewöhnlich so, dass sie kleine Geschichten um ihr lyrisches Ich webt und die beschriebenen Orte zu deren Kulissen macht. Auf politische und soziale Angelegenheiten geht sie so gut wie nicht ein. Eine Ausnahme ist *There Will Come Soft Rains* in ihrem 1920 erschienen fünften Band *Flame and Shadow*. Motiviert durch den ersten Weltkrieg zeichnet sie das Schreckensbild einer Welt, in der menschliches Leben ausgelöscht ist, aber die Natur überlebt. Ray Bradbury, der Autor von *Fahrenheit 451*, wird dreißig Jahre später um dieses Gedicht herum eine Kurzgeschichte schreiben, in der er, mit dem Wissen des später Geborenen, ein noch weitaus schrecklicheres Szenario entfaltet als Teasdale.

Beileibe nicht alle Gedichte in der mittleren und der späten Schaffensperiode sind so pessimistisch. Aber immer mehr wird die teils launige, teils euphorische Behandlung der Liebe, welche in den frühen Bänden vorherrscht, durch Beschreibungen ihres Scheiterns ersetzt. Die veränderte Sicht auf die Liebe geht einher mit Teasdales frustrierenden Erfahrungen aus der eigenen Ehe, welche sie nicht allein ihrem Ehemann, sondern auch ihrer Erziehung anlastet, deren Erblast sie sich immer stärker bewusst wird.

Die Entzauberung ihrer Träume nimmt sie fatalistisch hin und verwandelt sie in kontemplative Verse über die Vergänglichkeit des Menschen in einer ewigwährenden majestätischen Umwelt. Ständige Kulisse in diesen Gedichten sind die See und die Sterne, welche es der schönheitssüchtigen Dichterin angetan haben. Das folgende Gedicht aus dem vorletzten Gedichtband *Dark of the Moon* (1926) ist nicht nur ein wunderschönes Exempel für diese Referenz auf das Meer, es zeigt auch deutlich, wie sich der Stil der Dichterin mit ihren Themen weiter entwickelt hat. Die Verse sind immer noch von hoher Musikalität, aber die Melodie hat sich verändert. Sie ist nicht mehr munter plätschernd wie ein Gebirgsbach, sondern langsam fließend wie ein breiter Strom, bevor er sich ins Meer ergießt.

Beautiful Proud Sea

Careless forever, beautiful proud sea,
You laugh in happy thunder all alone,
You fold upon yourself, you dance your dance
Impartially on drift-weed, sand or stone.

You make us believe that we can outlive death,
You make us for an instant, for your sake,
Burn, like stretched silver of a wave,
Not breaking, but about to break

Dark of the Moon ist der letzte Gedichtband, den Teasdale noch selbst herausgibt. Das endgültige Scheitern ihrer Ehe mit Ernst Filsinger, das sich schon Jahre vorher angekündigt hatte, und die zunehmenden gesundheitlichen Probleme stürzen sie danach in eine tiefe

Krise. Ihre dichterische Arbeit kommt für einige Zeit völlig zum Erliegen.

Der Gedanke, sich das Leben zu nehmen, muss schon damals in ihr gekeimt haben. Neuen Lebensmut bekommt sie 1931, als ihr der Verlag Macmillan das Angebot unterbreitet, eine kommentierte Anthologie mit Gedichten von Christina Rossetti herauszugeben. Sie unternimmt sogar eine Reise nach England, um hierfür Material zu sammeln und mit Zeitgenossen Rossettis zu sprechen. Doch die Aufgabe erweist sich als schwieriger und langwieriger, als zuerst angenommen. Als sie zu alledem noch vom Freitod ihres langjährigen Freundes Vachel Lindsay erfährt, nimmt die Vorstellung vom eigenen Suizid konkrete Formen an.

Teasdale, die trotz ihrer gesundheitlichen und ehelichen Probleme immer eine disziplinierte und organisatorisch geschickte Arbeiterin war, lässt sich auch in der letzten Phase ihres Lebens nicht gehen. Da ihr sehr an ihrem dichterischen Nachlass gelegen ist, ordnet sie ihr Lebenswerk, sortiert unbedeutende Gedichte aus und stellt ihren letzten Gedichtband, *Strange Victory,* zusammen. Er erscheint 1933, kurz nach ihrem Tod. Um die Herausgabe kümmern sich Margaret Conklin und John Hall Wheelock, mit denen sie über viele Jahre befreundet war. Es ist vorwiegend ein Buch der Rückschau, auch der Würdigung guter Freunde. Wo sie vorausschaut, ist es in Form eines Aufgehens des eigenen Ichs in der Unendlichkeit der Natur. Sie geht ohne Bitterkeit.

There Will Be Rest

There will be rest, and sure stars shining
Over the roof-tops crowned with snow,

A reign of rest, serene forgetting,
The music of stillness holy and low.

I will make this world of my devising
Out of a dream in my lonely mind,
I shall find the crystal of peace, - above me
Stars I shall find.

*

Trotz des frühen Todes der Dichterin mit 48 Jahren erstreckte sich ihre dichterische Schaffenszeit über rund dreißig Jahre. Teasdale entwickelte sich in dieser Zeit in Stil und Technik weiter, folgte aber nie modischen Strömungen. Sie schuf stets das, was sie am besten konnte, nämlich schnörkellose, unsentimentale und überaus wohlklingende Poesie. Ihre Lyrik ist zeitlos und jedermann zugänglich. Dies sicherte ihr zwar nicht die Treue aller Kritiker, dafür aber jene der Leserinnen und Leser, die in einem Gedicht weniger ein spekulatives Rätselspiel suchen als vielmehr ein Gesamtkunstwerk aus Klang und Text.

Im deutschen Sprachraum war Teasdale, auch mangels einer Übersetzung, von Anfang an kaum bekannt. Vielleicht kann dieses Buch dazu beitragen, ihrem Werk die Aufmerksamkeit zu vermitteln, die es verdient.

Bibliographie

Gedichtbände von Sara Teasdale

Sonnets to Duse and Other Poems. Boston: The Poet Lore Company, 1907

Helen of Troy and Other Poems. New York: G. P. Putnam's Sons, 1911

Rivers to the Sea. New York: The Macmillan Company, 1915

Love Songs. New York: The Macmillan Company, 1917

Flame and Shadow. New York: The Macmillan Company, 1920

Dark of the Moon. New York: The Macmillan Company, 1926

Stars To-Night, Verses Old and New for Boys and Girls. New York: The Macmillan Company, 1930

Strange Victory. New York: The Macmillan Company, 1933

The Collected Poems of Sara Teasdale. The Macmillan Company, 1933

Sonstige verwendete Werke

Bradbury, Ray (1950): *„There Will Come Soft Rains"*, in: Collier's Weekly, May 5, 1950

Carpenter, Margaret Haley (1960): *Sara Teasdale, a Biography*. 2nd edition. New York City: The Schulte Publishing Company,

Drake, William (1979): *Sara Teasdale, Woman and Poet*. San Francisco: Harper & Row Publishers

Finch, Annie / Oliver, Alexandra, eds. (2015): *Measure for Measure*, An Anthology of Poetic Meters. , New York: Alfred A. Knopf, Everyman's Library Pocket Poets.

Verzeichnis der Gedichte

Aus *Rivers to the Sea* (1915)

Aus *Strange Victory* (1933)

Zeitfracht Medien GmbH
Ferdinand-Jühlke-Straße 7
99095 Erfurt, Deutschland
produktsicherheit@kolibri360.de